108 citat om naturen

Amma

108 citat om naturen
Amma

Publicerad av::
 Mata Amritanandamayi Center
 P.O. Box 613
 San Ramon, CA 94583
 Förenta Staterna

Copyright 2025 © Mata Amritanandamayi Mission Trust, Amritapuri, Kollam Dt., Kerala, Indien 690546

Enligt upphovsrättslagen får ingen del av denna publikation arkiveras eller lagras i något system, överföras, återges, transkriberas eller översättas till något språk, i någon form eller på något sätt, utan föregående skriftligt tillstånd från förlaget, med undantag av korta citat i recensioner.

Webbplats: www.amma.se

Internationellt: www.amma.org

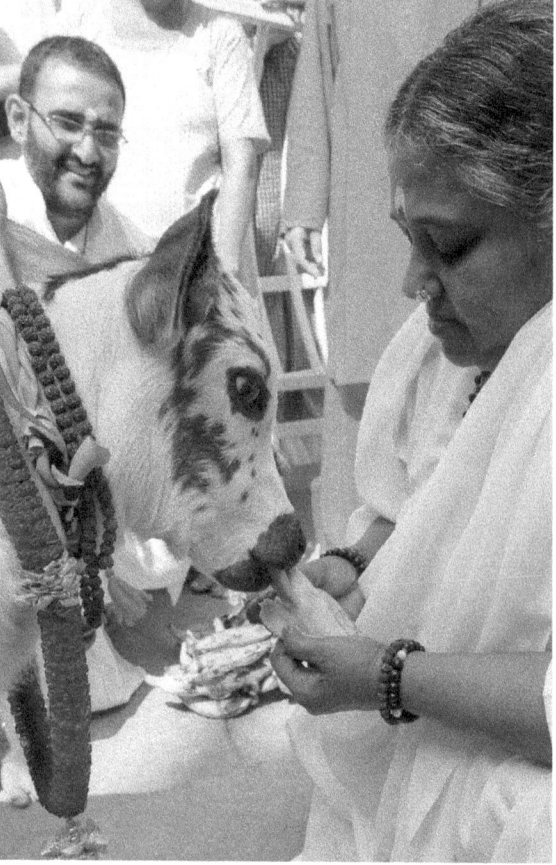

1.

Naturen är Guds synliga form, som vi kan se och uppleva med våra sinnen. Genom att älska och tjäna naturen tillber vi Gud direkt. Låt oss försöka väcka den inställningen till liv igen.

2.

Det finns en sanning som lyser genom hela skapelsen. Gud är det Rena Medvetandet som finns närvarande i allting. Floder, berg, växter, djur, solen, månen och stjärnorna, du och jag – vi är alla uttryck för den enda Verkligheten. Det är genom att införliva den sanningen i våra liv och på så sätt få en djupare förståelse som vi kan upptäcka den inneboende skönheten i mångfalden.

3.

1 Medvetandets oändliga lek – där Gud är själva mittpunkten – är ingenting betydelselöst. Allt är genomsyrat av Gudomlighet. Varje grässtrå och varje sandkorn är fyllt av gudomlig energi. Den som är uppvaknad bär därför en djup vördnad och ödmjukhet inför hela skapelsen.

4.

Naturen är en oumbärlig del av livet på jorden. Allt är beroende av naturen för att kunna leva. Vi är inte avskilda från naturen – vi är ömsesidigt beroende av varandra. Våra liv beror på helhetens välbefinnande. Det är därför en av våra främsta plikter att värna kärleksfullt om allt levande.

5.

Se hur lätt naturen övervinner hinder. Om det ligger en sten i vägen för en liten myra, går myran bara runt stenen och fortsätter på sin färd. Om det ligger en stor sten där ett träd växer, växer trädet helt enkelt runt stenen. På samma sätt flyter en bäck runt en stock som blockerar dess väg. Vi behöver också lära oss att anpassa oss efter alla livets omständigheter och övervinna dem med både tålamod och entusiasm.

6.

När vi finner harmoni inom oss själva, gagnar det naturen och återspeglas genom hela skapelsen. När vårt sinne inte är i harmoni, går också naturens harmoni förlorad. Till exempel, på många platser runt om i världen i dag, faller det antingen för mycket regn eller för lite. Detta är en återspegling i naturen av vår egen brist på harmoni. När människans sinne är harmoniskt blir naturen spontant harmonisk.

7.

I en perfekt relation mellan människan och naturen skapas ett cirkulärt energifält där de flödar in i varandra. Med andra ord, när vi människor blir förälskade i naturen, besvarar hon vår kärlek. Hon kommer inte längre att dölja sina hemligheter för oss. Hon kommer att öppna sin oändliga skattkammare och låta oss njuta av dess rikedom. Som en mor kommer hon att skydda oss, ta hand om oss och ge oss näring.

8.

Naturen är vår första moder. Hon tar hand om oss genom hela vårt liv. Vår biologiska mor kanske låter oss sitta i hennes knä några år, men Moder Natur bär oss tålmodigt genom hela vårt liv. Hon sjunger oss till sömns, ger oss näring och smeker oss. Precis som barn är förpliktigade gentemot sin biologiska mor, bör vi alla känna en skyldighet och ett ansvar gentemot Moder Natur. Om vi glömmer detta ansvar, är det som att glömma bort oss själva.

9.

Visst borde vi uttrycka vår tacksamhet till Moder Jord som tålmodigt skänker oss sin famn att springa, hoppa och leka i! Och visst borde vi vara tacksamma för fåglarna som sjunger för oss, blommorna som slår ut för oss, träden som förser oss med skugga och floderna som flyter fram för oss!

10.

En sak som sammanbinder människan med naturen är vår medfödda inre oskuldsfullhet. När vi ser en regnbåge eller vågorna på havet, känner vi då fortfarande barnets oskyldiga glädje? Betrakta naturens skönhet i medvetenhet om att allt detta är det Gudomligas unika uttryck.

11.

Det finns inga misstag i Guds skapelse. Varje varelse och varje ting som Gud har skapat är oändligt värdefullt.

12.

Allt i naturen är ett underbart mirakel. Visst är det ett mirakel att en liten fågel flyger genom den vidsträckta himlen? Och är inte en liten fisk som simmar i havets djup också ett mirakel?

13.

Det är vissa saker i livet som väcker entusiasm och en känsla av förnyelse varje gång vi tänker på eller upplever dem, till exempel havet. Oavsett hur många gånger vi tittar på havet, känner vi aldrig att det är tillräckligt. Havet har en aspekt av det oändliga. Det är likadant med himlen. Så är det också med det band vi har till naturen. Vi kan alltid se något nytt i naturen.

14.

Allting är genomsyrat av Medvetandet. Detta medvetande upprätthåller världen och alla varelser däri. Religionen råder oss att ha vördnad för allt, att se Gud i allt. En sådan inställning lär oss att älska naturen. Tänk på naturens mirakel. Kameler är välsignade med en speciell puckel för att lagra vatten i. Kängurun har en pung att bära sin baby i vart den än rör sig. Även den mest obetydliga eller till synes skadliga varelse eller växt har en specifik uppgift. Spindlar håller insektsbeståndet i balans och ormar håller antalet råttor under kontroll. Även de små, encelliga planktonen i havet tjänar som mat till valarna. Var och en har sin egen uppgift att fylla.

15.

Det finns en rytm i allt i universum. Vinden, regnet, vågorna, våra andetag och hjärtslag – allt har en rytm. På samma sätt har livet en rytm. Våra tankar och handlingar skapar livets rytm och melodi. När våra tankar förlorar sin rytm, återspeglas detta i våra handlingar. Detta i sin tur gör att själva livsrytmen kommer i obalans. I dag ser vi detta överallt omkring oss.

16.

Livet är fyllt av Guds ljus, men bara genom optimism kan ni uppleva det ljuset. Se på naturens optimism. Inget kan stoppa den. Varje aspekt av naturen bidrar outtröttligt med sin del till livet. En liten fågels, ett djurs, ett träds eller en blommas delaktighet i det hela är alltid fullständig. Vilka svårigheter de än möter, fortsätter de att försöka helhjärtat.

17.

Njut av naturens skönhet med medvetenheten om att allt är ett uttryck för det Gudomliga.

18.

Stjärnorna tindrar på himlen, floderna flyter lycksaligt fram, trädens grenar dansar i vinden och fåglarna brister ut i sång. Ni bör fråga er själva: "Varför känner jag mig så eländig mitt i denna jublande glädje?"

19.

Blommor, stjärnor, floder, träd och fåglar har inget ego. Utan ego kan inget såra dem, och utan ego kan man bara känna glädje. Även händelser som i normala fall skulle vara smärtsamma kan förvandlas till ögonblick av glädje.

20.

Precis som naturen skapar gynnsamma omständigheter för att en kokosnöt ska bli ett kokosträd, och för att ett frö ska förvandlas till ett stort fruktträd, skapar naturen de nödvändiga omständigheterna för att den individuella själen ska kunna sammansmälta i evig förening med det Högsta Varandet.

21.

Naturen är en bok som vi behöver lära oss av. Varje ting i naturen är en sida i den boken. Allt i naturen har något att lära oss. Försakelse och osjälviskhet är de största lärdomarna vi kan få av naturen.

22.

Naturen ger människan all sin rikedom. Precis som naturen så nådefullt tjänar, beskyddar och hjälper oss, är det vårt ansvar att besvara hennes dedikation och tjänande genom att hjälpa henne. Endast då kan harmonin mellan naturen och mänskligheten bevaras.

23.

När vi lever i harmoni med naturen i kärlek och enhet, får vi styrkan att övervinna vilka kriser som helst.

24.

Människan kan lära sig mycket av naturen. Se på ett äppelträd. Det ger skugga även till den som håller på att hugga ner det. Det ger även av alla sina söta, goda frukter utan att behålla något för sig själv. Dess själva existens är till för andra levande varelser. På samma sätt kan alla komma till en flod och bada. Floden tvättar bort allas smuts, utan att förvänta sig något i gengäld. Den tar villigt emot alla orenheter, ger tillbaka renhet och offrar allt för andras skull. Mina barn, allting i skapelsen lär oss om självuppoffring.

25.

Se hur underbar naturen är! Se på detta fantastiska kosmos och det harmoniska sätt på vilket vår planet och alla andra planeter fungerar. Det oändliga mönstret av skönhet och ordning som genomsyrar skapelsen visar tydligt att bakom allt finns ett stort hjärta och en ofattbar intelligens. Hur skulle en sådan perfekt ordning och skönhet kunna existera utan en kosmisk intelligens, en universell kraft som kontrollerar allting?

26.

Skapelsen är inget slumpverk. Solen, månen, haven, alla träd, blommor, berg och dalar är inga tillfälligheter. Planeterna rör sig runt solen utan att avvika ens några centimeter från sina förutbestämda banor. Haven täcker stora områden i världen, utan att sluka jorden. Om denna underbara skapelse bara vore en slump, skulle den inte ha en sådan ordning och systematik.

27.

Det Högsta Varandets vilja ligger bakom allt – bakom blommans blomstring, fågelns kvitter, vindens rörelser och eldens flammor. Detta är kraften genom vilken allting växer, kraften som upprätthåller allt. Den gudomliga viljan är den underliggande orsaken till födelsen, utvecklingen och döden hos alla levande varelser. Den är orsaken till hela skapelsen. Det Högsta Varandets kraft upprätthåller världen. Utan denna kraft skulle världen upphöra att existera.

28.

Skrifterna säger: isāvāsyam idam sarvam – allting är genomsyrat av Guds medvetande. Jorden, träden, växterna och djuren är alla manifestationer av Gud. Eftersom det är så, måste vi ha kärlek, respekt och omsorg för naturen såväl som för varandra.

29.

När vi, i vår medfödda oskuldsfullhet, tror på ett Högsta Varande och är fyllda av hängivenhet, ser vi det Gudomliga i allt – i varje träd och djur, i varje aspekt av naturen. Denna inställning gör det möjligt för oss att leva i perfekt harmoni och samklang med naturen.

30.

Att be med koncentration återställer naturens förlorade harmoni. Även om ingen är där för att höra den, registrerar Moder Natur varje innerlig bön.

31.

Sanningen är att människans utveckling och framgång beror helt och hållet på det goda som vi människor gör för naturen. Genom att skapa ett kärleksfullt band mellan människan och naturen, bevarar vi både naturens balans och mänsklighetens framgång.

32.

Alla människor har en brådskande skyldighet att glädja naturen genom osjälviska handlingar fyllda med kärlek, tillit och uppriktighet. När detta sker kommer naturen i gengäld välsigna oss i överflöd.

33.

Det är fel att slösa på grund av vår bristande omsorg och medvetenhet. Varje ting har sin funktion. Allting i skapelsen har ett bestämt syfte.

34.

Människan är beroende av naturen för sin egen existens. Sanningen är att det inte är vi som skyddar naturen – det är naturen som skyddar oss.

35.

Naturen uppoffrar sig själv för människan, medan vi inte bara utnyttjar henne – vi förstör henne. Ändå tjänar naturen oss.

36.

Förr i tiden fanns det inget särskilt behov av miljövård, därför att skydda naturen var ett sätt att dyrka Gud och livet självt. Förutom att tillbe Gud älskade och tjänade människorna naturen och samhället. De såg Skaparen genom skapelsen. De älskade, tillbad och skyddade naturen som en synlig form av Gud.

37.

Moder Jord tjänar oss. Solen, månen och stjärnorna tjänar oss. Hur kan vi återgälda deras osjälviska tjänande?

38.

Allteftersom vetenskapen utvecklas, växer städerna och affärsverksamheterna. När stadsbefolkningen ökar, ökar även mängden avfall. Vi måste därför hitta vetenskapliga lösningar för att hantera detta på rätt sätt. Om vi inte gör det, kommer naturen att förstöras och sjukdomar att spridas. Vi bör sträva efter att återvinna och återanvända avfall så långt det är möjligt. Moder Natur har sina egna mirakulösa sätt att återvinna och återanvända avfall – och på så sätt bevara livet. Låt vårt mål vara att skapa en värld utan avfall.

39.

Vi behöver anstränga oss för att ingjuta goda värderingar i våra barn redan vid tidig ålder. Vi måste lära dem att älska varandra. Vi behöver fylla studieplanerna i våra skolor och universitet med lektioner om kärlek och medkänsla och bidra till att stoppa exploateringen av de förtryckta. Om vi gör detta, kommer krig och våldsamma konflikter att minska och det blir möjligt för oss att, åtminstone till viss del, förverkliga drömmen om världsfred. När ömsesidig kärlek växer, blir också naturen fridfull.

40.

Se på skönheten i naturen. Att leva i harmoni med naturen skapar lycka och tillfredsställelse.

41.

Den nuvarande generationen lever som om den inte hade någon relation till naturen. Allting omkring oss är artificiellt. I dag äter vi frukt och grödor som odlats med konstgödning och bekämpningsmedel. Vi tillsätter konserveringsmedel för att öka matens hållbarhet. På så sätt får vi ständigt i oss gifter, vare sig vi är medvetna om det eller ej. Resultatet är att många nya sjukdomar uppstår. Den genomsnittliga livslängden förr i tiden var faktiskt mer än 100 år. Dagens människor lever bara upp till ca 80 år och mer än 75 % av befolkningen kommer att drabbas av någon sjukdom.

42.

På grund av begäret efter större skördar drivs människan ofta till att använda konstgödsel och bekämpningsmedel. Det är på grund av denna girighet som vi glömmer att älska växterna. En ballong kan bara bli uppblåst till en viss gräns. Om man fortsätter att blåsa luft i den, spricker den. Likaså har ett frö en gräns för hur mycket det kan producera. Om vi fortsätter att försöka öka skörden genom att använda konstlade medel, påverkar det grödans styrka och kvalitet negativt, och skadar dessutom dem som äter den.

43.

Genom att skada växter förlänger vi deras karmiska resa. Människans själviskhet blockerar växternas utveckling till högre arter av liv och hindrar dem från att uppnå evig befrielse.

44.

Vetenskapliga uppfinningar är i högsta grad fördelaktiga, men de får inte strida mot naturen. Forskare har nått oanade höjder, men dessvärre har vi förlorat förmågan att klart se hela sanningen om saker och ting och handla med urskillning och omtanke. En forskare borde vara en riktig älskare – en älskare av människan, en älskare av hela skapelsen och en älskare av livet.

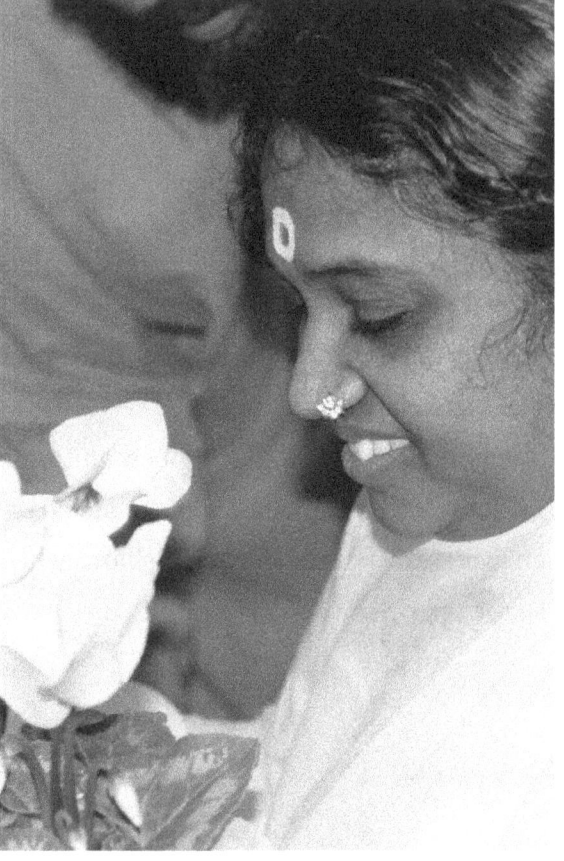

45.

Allteftersom vår själviskhet ökar, blir vi fjärmade från naturen och börjar utnyttja henne. Att använda naturen för våra behov är okej, men när vi tar mer än vi behöver förvandlas situationen till exploatering. Vi måste komma ihåg att när vi tar mer än vi behöver, berövar vi en växt eller ett djur dess liv.

46.

Se på naturens skönhet och perfektion. Naturen är så fylld av glädje. Hela skapelsen jublar av glädje. En blomma har en kort livslängd, men ger sig ändå helhjärtat till andra. Den offrar sin egen nektar till bina och detta ger upphov till glädje.

47.

Trots alla underbara välsignelser och gåvor som Moder Jord skänker oss fortsätter vi att utnyttja henne. Trots detta, uthärdar hon tålmodigt allting och välsignar människan med enorm rikedom och välstånd.

48.

Genom Guds gränslösa och fullkomliga kärlek och medkänsla vägleder och inspirerar Gud alla varelser på jorden att vara tålmodiga och kärleksfulla mot alla människor, även om människorna inte ger någon kärlek tillbaka.

49.

Aldrig tillfredsställda, och i sin girighet att åstadkomma och äga alltmer, har människor vidtagit alla tänkbara själviska handlingar – handlingar som förorenar och utnyttjar Moder Natur. Fyllda av självishet, har människor glömt att det är från Moder Natur som vi får allt, och utan henne kommer vi att förlora allt.

50.

Enligt Sanatana Dharma (den eviga sanningen, det ursprungliga namnet på hinduismen) är naturen inte skild från människan. Det finns ett mantra vi upprepar varje dag: "Lokah Samastah Sukhino Bhavantu", vilket betyder, "Låt alla varelser i alla världar vara lyckliga". Detta omfattar hela naturen, växt- och djurriket – ja, hela skapelsen. Att se enheten i mångfalden är vad Sanatana Dharma lär oss och är själva kärnan i detta mantra.

51.

Naturen är som en enorm blomsterträdgård. Djur, fåglar, träd, växter och människor är dess mångfärgade blommor i full blom. Skönheten i denna trädgård är fullständig bara när allt detta existerar i harmoni – och därigenom sprider vibrationerna av kärlek och enhet. Låt oss tillsammans göra vårt bästa för att förhindra att dessa olika sorters blommor vissnar bort, så att trädgården kan förbli evigt vacker.

52.

Modern vetenskap säger att träd och växter reagerar på människors tankar och handlingar. Forskare har skapat instrument som kan upptäcka och registrera växters känslor och i vissa fall även mäta intensiteten i sådana känslor. De har observerat att även växter lider av människans kärlekslösa handlingar och brist på medkänsla. Redan för länge sedan förstod Indiens helgon och rishier (de visa) denna stora sanning. De levde ett liv i ahimsa (icke-våld), utan att orsaka någon som helst skada.

53.

Naturen är som en gås som lägger gyllene ägg. Om vi tror att vi kan lägga beslag på alla de gyllene äggen åt oss själva genom att döda gåsen, kommer det att sluta i total förödelse för människan. För vår egen överlevnad, och för kommande generationers, måste vi sluta att förorena och exploatera naturen.

54.

Människor har, genom sina egocentriska tankar och handlingar, förorenat atmosfären. Atmosfären är nu genomdränkt av giftig rök och avgaser från fordon och fabriker. Men det mest förödande giftet i atmosfären är människors själviska och skadliga tankar.

55.

Endast genom kärlek och djup respekt för naturen kan vi bli andligt uppvaknade. Vårt mål är att uppleva livet i allt.

56.

Naturen är en kalpavriksha, ett önsketräd, som ger människan allt i överflöd. Men i dag beter vi oss likt den dåre som sågar av grenen han själv sitter på.

57.

Även om vi bara har en mycket liten jordplätt, bör vi försöka odla några grönsaker där och använda ekologiska gödningsmedel. Vi bör också tillbringa lite tid med våra växter – tala till dem, kyssa dem och sjunga för dem. Den kontakten kommer att ge oss ny vitalitet.

58.

Alla vet att människor inte kan bo i en öken. Om atmosfären inte renas, kommer människornas hälsa att försämras. Vi måste plantera mängder av träd, även medicinalväxter, eftersom de renar luften. Många sjukdomar kan förebyggas genom att vi andas in luft som varit i kontakt med sådana växter.

59.

En del säger att vi måste plantera två nya träd för varje träd vi hugger ner, men detta är fortfarande otillräckligt. Det är stor skillnad på vad ett stort träd kan ge jämfört med två små. Om man tillför mindre desinfektionsmedel till vatten än vad som behövs, blir effekten minimal. Om en ayurvedisk medicin kräver tio olika ingredienser men bara åtta används, kommer medicinen inte att ha den önskade effekten. På samma sätt rubbas balansen i naturen när två små trädplantor får ersätta ett stort träd.

60.

För länge sedan, när Indiens helgon och rishier på djupet hade utforskat sitt eget medvetande, avslöjade de att växter och träd också har känslor – något som de till viss del kan uttrycka. När vi har en kärleksfull attityd gentemot växter och träd kan vi lära oss att lyssna på dem och förstå dem.

61.

När forntidens visa påbjöd oss att dyrka träden, lärde de världen vikten av att bevara och skydda naturen. Det är för att så många träd har huggits ner i onödan som vi inte får tillräckligt med regn under monsunen. Temperaturen har också ökat och vädermönstret håller på att förändras över hela jorden. Träden renar atmosfären. De absorberar koldioxid från luften, inklusive det som människor, djur och industrier släpper ut. De bidrar starkt till naturens harmoni. Även att mentalt dyrka och skydda träden, som ger oss så mycket gott, är till stor nytta.

62.

För att tillgodose livets nödvändigheter är det inte fel att fälla träd och samla medicinalväxter från skogarna. Det är naturligtvis nödvändigt att ha ett hus som skyddar oss mot regn och sol – men det är inte nödvändigt att bygga ett hus för att visa upp vår rikedom och lyxiga livsstil. Att fälla tillräckligt med träd för att bygga ett hus är inte orättfärdigt. En handling blir orättfärdig när vi utför den urskillningslöst, utan medvetenhet.

63.

För närvarande är det största hotet mot människan inte ett tredje världskrig, utan förlusten av naturens balans och vår växande separation från naturen. Vi måste öka vår medvetenhet, likt någon som står under pistolhot. Bara då kan människan överleva.

64.

Plantera träd. Det är en välsignelse att göra det. Träden överlever oss och skänker frukt och skugga till kommande generationer. Var och en av oss borde ta ett löfte att varje månad plantera minst ett träd. På ett år har då varje person planterat tolv träd. Tillsammans kan vi återställa naturens skönhet i världen.

65.

Skogar blir förstörda och stora hyreshus uppförs i deras ställe. Många fåglar bygger bon i dessa byggnader. Om vi tittar närmare på deras bon, ser vi att de ofta är gjorda av metalltrådar och plastbitar. Detta beror på att antalet träd minskar. I framtiden kanske det inte finns några träd kvar alls. Fåglarna lär sig att anpassa sig till sin nya miljö.

66.

Varje familj bör odla träd och växter i sin trädgård. Att plantera ett träd är att osjälviskt tjäna samhället. Precis som vi gläder oss åt närvaron av ett träd som människor har planterat i det förflutna, borde också vi plantera träd för framtida generationer. Om vi aldrig brytt oss om att göra något osjälviskt, kan vi i alla fall plantera ett träd eller en liten trädplanta. Det skulle vara en riktigt osjälvisk handling, som gynnar både andra och oss själva.

67.

Mina barn, inte en gnutta av maten vi äter är uteslutande vår förtjänst. Vad som kommer till oss i form av mat är resultaten av andras arbete, naturens gåvor och Guds barmhärtighet. Även om vi har miljontals kronor, behöver vi fortfarande mat för att stilla vår hunger. Kan vi äta pengar? Ät därför aldrig något utan att först be en bön, med ödmjukhet och tacksamhet.

68.

Ammas förhållande till naturen är ingen relation, utan fullständig enhet.

69.

Låt oss bara ta från naturen det vi verkligen behöver och försöka ge tillbaka i viss utsträckning. Anta att två potatisar är tillräckligt för att laga en rätt. Om vi ändå tar en tredje potatis, handlar vi utan urskillning. När vi tar mer än vi behöver från Moder Natur, förnekar vi också andra deras del. Kanske skulle vår granne, som inte har tillräckligt med mat, kunna få ett mål mat. Så när vi utnyttjar naturen, utnyttjar vi också andra.

70.

När medkänslan uppstår inom oss, känner vi en genuin önskan att hjälpa och skydda alla varelser. I det tillståndet, vill vi inte ens plocka ett enda blad i onödan. Att plocka tio blad när endast fem behövs, är inte rättfärdigt. Vi borde bara plocka en blomma under dess sista dag, precis innan den faller från sin stjälk. Vi borde tänka på att det är mycket skadligt för plantan om vi plockar blomman redan under den första dagen av dess existens, på grund av vår girighet.

71.

Den ändlösa strömmen av kärlek som flödar från en sann troende till hela skapelsen har en mild, lugnande effekt på naturen. Vår kärlek är naturens bästa beskydd.

72.

Det stora behovet just nu är att bilda ett samhälle med godhjärtade individer. Som andliga varelser bör var och en av oss sträva efter att leva ett rent och uppriktigt liv av självuppoffring. En andlig varelse bör vara likt ett träd som ger skugga även till den som håller på att hugga ner det. Den bör vara som vinden, som blåser lika mycket över exkrement som över en blomma.

73.

Ni blir inte antagna till Guds rike utan ens den minsta myras påskrift på er ansökan. Det första kravet för att kunna uppnå Befrielse är att ni, tillsammans med ert ständiga erinrande av det Högsta Varandet, älskar alla varelser, både de förnimmande och de icke förnimmande. När ni uppnår denna hjärtats storhet är friheten inte långt borta.

74.

Vem som helst som har modet att övervinna sinnets begränsningar kommer att uppnå det Universella Moderskapets tillstånd. Det är en kärlek och medkänsla man känner inte bara till sitt eget barn, utan också till alla människor, djur, växter, berg och floder. Det är en kärlek som når ut till hela naturen och till alla varelser. För den i vilken det sanna moderskapets tillstånd har vaknat är alla varelser hennes barn. Detta kärlekens uppvaknande, detta moderskap, är Gudomlig Kärlek. Detta är Gud.

75.

I dag är vi medvetna om behovet av att skydda Moder Jord – och detta är naturligtvis oerhört viktigt. Men vi måste också bry oss om föroreningen i vår inre miljö. Våra negativa tankar och handlingar skapar föroreningar i atmosfären och i mänsklighetens medvetande. Endast genom kärlek och medkänsla är det möjligt att skydda och bevara naturen.

76.

På grund av människans brist på positiva värden och ett rättfärdigt sätt att leva har naturen börjat reagera. Allteftersom antalet träd minskar, minskar också regnen. Och när regnet kommer, är det vid fel tidpunkt. Det är likadant med solsken – nuförtiden är det antingen för mycket eller för lite sol. Detta är några av de effekter som skapas av våra felaktiga handlingar och attityder.

77.

Negativa tankar och handlingar förorenar atmosfären och mänsklighetens medvetande. Om vi inte förändrar vårt beteende, banar vi vägen för vår egen undergång. Detta är inte en bestraffning; det är en skada vi tillfogar oss själva. Vi använder inte de gåvor Gud har försett oss med – att tänka efter, använda vår urskillningsförmåga och handla klokt.

78.

Livet blir fulländat när människan och naturen tillsammans går hand i hand i harmoni. När melodi och rytm kompletterar varandra, blir musiken vacker och behaglig för örat. På samma sätt, när människor lever i samklang med naturens lagar, blir livet en vacker sång.

79.

Mina barn, en av våra högsta prioriteter måste vara att bevara naturen. Vi måste sluta med att förstöra miljön för pengar och för våra själviska, kortsiktiga behov. Vi har ingen rätt att förstöra. Vi kan inte skapa och därför får vi inte förstöra. Bara Gud kan skapa, upprätthålla och förstöra, vilket är bortom vår kapacitet.

80.

Gud dväljs inte bara i människor utan också i djur och alla former av liv – i bergen, floderna, dalarna och träden. I fåglarna, molnen, stjärnorna, solen och månen – överallt. Gud dväljs i hela den manifesterade världen, både i det som är i rörelse och i det orörliga. Hur kan en människa som förstår detta döda och förstöra?

81.

Genuina sökare efter Sanningen kan inte skada naturen eftersom de ser naturen som Gud. De upplever inte naturen som något separat. De är de verkliga naturälskarna. Där det inte finns något sinne eller ego, är man ett med hela existensen. Mina barn, när ni är ett med hela skapelsen, när era hjärtan är fyllda med inget annat än kärlek, då blir hela naturen er vän och kommer att tjäna er. Universum, med alla dess varelser, är er vän.

82.

Genom att iaktta Moder Naturs osjälviska sätt att ge, kan vi bli mer medvetna om våra egna begränsningar. Detta hjälper oss att utveckla gudshängivenhet och att överlämna oss själva till det Högsta Varandet. Naturen kan föra oss närmare Gud och lära oss hur vi verkligen kan tillbe det Gudomliga.

83.

Bara genom kärlek och medkänsla är beskyddandet och bevarandet av naturen möjligt. Men båda dessa egenskaper håller snabbt på att minska hos människor. För att kunna känna verklig kärlek och medkänsla måste vi inse vår enhet med livskraften som upprätthåller och är grunden för hela universum.

84.

Dagens ungdom är stöttepelarna för morgondagens värld. De unga har potentialen att göra stora förändringar i världen. Våra dedicerade ungdomar kan inspirera andra genom att tillsammans skapa initiativ för att skydda Moder Natur. Vi behöver leda deras energi mot ett positivt syfte.

85.

Världen kan inte förändras till det bättre om inte medvetandet hos individer förändras först. Vi kan förbinda oss till att öka vår medvetenhet genom att disciplinera vårt sinne med meditation, bön och positivt tänkande. Vi kan också förbinda oss till en global etik av förståelse för varandra och leva ett liv som gynnar samhället, främjar fred och värnar miljön. Genom att utmana oss själva och vara villiga att uppoffra, kan en grundläggande förändring ske i oss själva och i världen.

86.

Meditation, bön, chanting och andra andliga övningar är vår frälsning. Den vördnad och hängivenhet som människor utvecklar genom sin andliga tro är mycket välgörande – både för mänskligheten och naturen. Upprepandet av ett mantra eller genuin bön kommer tveklöst att skapa en positiv förändring i naturen och bidra till att återställa harmonin.

87.

Vi kanske tvekar över om vi har förmågan att återställa den förlorade balansen i naturen. Vi kanske undrar: "Är inte vi människor alltför begränsade?" Nej, det är vi inte! Vi har en oändlig kraft inom oss, men vi sover djupt och är omedvetna om vår egen styrka. Den kraften kommer att väckas till liv när vi vaknar inombords.

88.

En person som har blivit ett med det Högsta Medvetandet har också blivit ett med hela skapelsen. En sådan person är inte längre bara sin kropp – han eller hon blir själva Livskraften som lyser i och igenom allting – Medvetandet som lånar ut sin skönhet och vitalitet till allt.

89.

En Mahatma (Självförverkligad själ) kan uttrycka sig genom solen, månen, haven, bergen, träd och djur – genom hela universum. När man inte har något ego, då är man allting. Hela universum blir ett med en sådan Upplyst själ.

90.

Viktigare än kunskap om modern vetenskap är andlighetens djupare insikter – sanningen om hela skapelsens enhet – som lär människor att älska naturen och att utveckla en känsla av vördnad och hängivenhet inför alla varelser. Ni kanske tycker att förstöra ett träd eller en planta är mindre fel än att döda en människa. Det är ett felaktigt synsätt.

91.

Träd och växter har också känslor och kan känna rädsla. När någon närmar sig ett träd eller en växt med en yxa eller kniv känner växten rädsla och darrar av skräck. Ni behöver ett subtilt öra för att höra dess skrik, ett subtilt öga för att se dess hjälplöshet och ett subtilt sinne för att känna dess fruktan. Ni kan inte se trädets eller växtens lidande, men ni kan förnimma det med er medkänsla. För att se en växts lidande måste sinnets öga vara öppet. Tyvärr kan ni inte uppfatta det subtila med era fysiska ögon – och därför förstör ni ett hjälplöst träd eller en hjälplös växt.

92.

När människor gläder naturen genom att tänka goda tankar och göra positiva handlingar, välsignar naturen oss med ett överflöd av rikliga skördar. I Kerala firas en traditionell festival som kallas pongal, vilket betyder "överflöd". Det är då människornas kärlek till naturen och naturens kärlek till människorna svämmar över – det universella sinnet och det individuella sinnet svämmar över och blir ett.

93.

När ni bugar er inför hela existensen i fullständig ödmjukhet, bugar sig också universum inför er och tjänar er.

94.

Det sägs att en fjärils livslängd endast är ett par dagar till en vecka. Ändå flyger den så glatt omkring! Den sprider fröjd och glädje till alla. Så borde också våra liv vara.

95.

Det fanns en tid då alla övergav Amma på grund av hennes ovanliga sätt. När det hände var det fåglarna och djuren som kom för att ta hand om henne. En örn brukade flyga över henne och släppa ner en fisk som Amma kunde äta rå. En hund kom till henne med matpaket. När Amma kom ut ur samadhi (ett tillstånd av fullständig inre stillhet och enhet), kom en ko och ställde sig framför henne, på ett sådant sätt att Amma kunde dricka så mycket hon ville direkt ur kons juver.

96.

När vi ser Moder Natur som en manifestation av Gud kommer vi automatiskt att tjäna och skydda henne. Om vi närmar oss naturen med kärlek, kommer hon att tjäna oss som vår bästa vän – en vän som aldrig sviker oss.

97.

Mina barn, se på naturen och föreställ er att ni ser er älskade Gudomlighets form i träden, bergen och andra objekt. Samtala med er Älskade. Föreställ er att er älskade Gudomlighet uppenbarar sig i himlen, och kalla på henne eller honom. Uttryck era sorger, vad de än är. Varför dela dem med någon annan?

98.

Det är hög tid att allvarligt överväga att skydda naturen. Att förstöra naturen är detsamma som att förstöra mänskligheten. Träd, djur, fåglar, växter, skogar, berg, sjöar och floder är i akut behov av vår omsorg, kärlek och beskydd. Om vi beskyddar dem, kommer de i sin tur att beskydda oss.

99.

Naturen gynnas av andliga människors koncentration. Bön och andlig koncentration är kraftfulla medel för att rena atmosfären. Samtidigt kan vi själva hämta andlig kraft, hopp och tillit genom att vistas i naturen – i bön, mantra chanting och meditation, i ord eller i tystnad.

100.

Varje liten ansträngning vi gör för att bevara miljön är värdefull eftersom den hjälper till att upprätthålla liv. Detta är faktiskt mer värdefullt än någon form av materiell rikedom. Genom våra skolor kan vi väcka ett intresse hos barnen att skydda naturen, på samma sätt som vi väckt deras intresse för att samla pengar.

101.

På grund av sin upprördhet, som beror på alla de orättfärdiga handlingar som begåtts mot henne, har Moder Natur nu börjat dra tillbaka sina välsignelser. Det är alla människors brådskande skyldighet att blidka Moder Jord genom osjälviska handlingar fulla av ömsesidig kärlek, tillit och uppriktighet. Endast då kommer hon åter att flöda och välsigna mänskligheten med sina gränslösa resurser.

102.

Tänk er att ni har tio frön. Ät nio av dem om ni vill, men låt åtminstone ett enda frö vara kvar för sådd. Ingenting får förstöras helt. Om ni får tusen kronor för en skörd, låt åtminstone hundra kronor gå till välgörenhet.

103.

Precis som jorden rör sig runt solen i en regelbunden cykel, rör sig även hela naturen i ett cykliskt mönster. Årstiderna rör sig i en cirkel: vår, sommar, höst, vinter, och så vår igen. Från fröet kommer trädet, och trädet ger åter frön. På samma sätt har vi födelse, barndom, ungdom, ålderdom, död – och födelse igen. Det är en kontinuerlig cykel. Tiden rör sig i en cirkel, inte i en rak linje. Karma och dess resultat måste oundvikligen upplevas av varje levande varelse tills sinnet är stillat och man är tillfreds i det egna Självet (Atman).

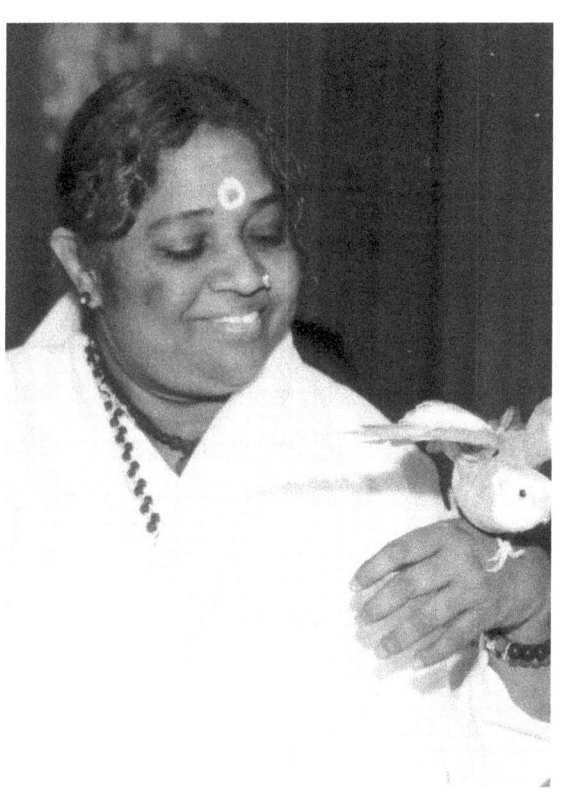

104.

Se på fräscha rosor. Så vackra de är. Vilken underbar doft de sprider. Men vad ger vi dem för att de ska växa? Bara lite använda teblad och kogödsel. Vilken enorm skillnad det är mellan de vackra blommorna och gödseln de fått! På samma sätt är hindren i våra liv den gödning som får oss att utveckla vår andliga styrka. Dessa hinder hjälper våra hjärtan att blomma fullt ut.

105.

Kom alltid ihåg att när skymningen kommer, har den redan gryningen i sitt sköte.

106.

Vi måste komma ihåg att allting är förnimmande – allting är fullt av medvetande och liv. Allting existerar i Gud. Det finns ingenting som bara är materia – endast medvetande existerar. Om vi närmar oss alla situationer med den attityden, blir det omöjligt för oss att förstöra. Själva tanken på förstörelse försvinner. Allting existerar i Gud.

107.

Mina barn, den Gudomliga Kärleken är vår sanna natur. Kärleken strålar i var och en av oss. Ingen manifestation är möjlig utan denna kärlekens kraft bakom.

108.

O Gud, ser Du mig här? Må dina stjärnströdda händer överösa mig med nåd, så jag får styrkan att ständigt minnas Dig och sorgen av längtan att aldrig sluta kalla på Dig! Du är min enda tillflykt och tröst. Lycksalig och vacker är Din Gudomliga Värld! Lyft upp mig till Din värld av miljoner tindrande stjärnor!